IDEAS PARA UNA CASA AMBIENTAL

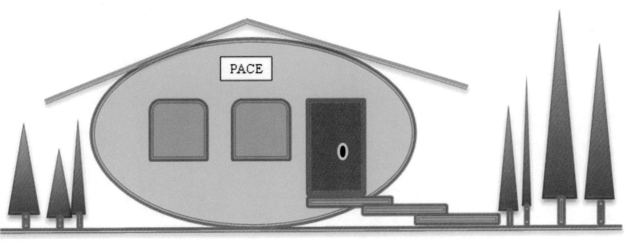

PACE

LNI Carlos Adrián Pizarro Ríos

Fotografía: Minerva Pizarro Moreno

ISBN:	Tapa Blanda	978-1-4633-6897-5
	Libro Electrónico	978-1-4633-6898-2

Fecha de revisión: 12/11/2013

Para realizar pedidos de este libro, contacte con:
Palibrio LLC
1663 Liberty Drive
Suite 200
Bloomington, IN 47403
Gratis desde EE. UU. al 877.407.5847
Gratis desde México al 01.800.288.2243
Gratis desde España al 900.866.949
Desde otro país al +1.812.671.9757
Fax: 01.812.355.1576
ventas@palibrio.com
484536

IDEAS PARA UNA CASA AMBIENTAL

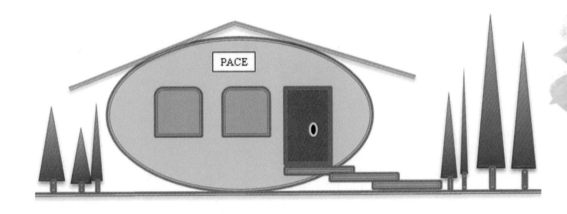

Autor:

LNI Carlos Adrián Pizarro Ríos

Colaboradores:

MEA Pedro Pizarro Moreno

Lic. Celia Elizabeth Pizarro Moreno

Ing. Cesáreo Pizarro Moreno

MMXIII

*"Debemos sentir que somos parte de la naturaleza,
para cuidarla y aprender a vivir en mejor forma"*

Cesáreo Pizarro Moreno

DEDICATORIA:

Dedico este libro en forma especial a mis Padres, por darme la vida, por su amor, dedicación, educación y comprensión.

A mis familiares, amigos y colaboradores que me ayudaron a tener conciencia de las relaciones entre el individuo y su hábitat que por muy complejas que sean, siempre hay una forma para vivir mejor tanto en lo individual como en comunidad.

Y por supuesto a los que han compartido conmigo la alegría de ayudar a otros seres vivos.

Con profundo cariño, admiración y agradecimiento, Carlos Adrián.

LIBRO REALIZADO CON APOYO DE:

Asociación Internacional de Conservación Innovación y Mejoramiento Ambiental A.C.

MACAIPR Solutions S.A. de C.V.

Inmoviliaria AICM

PRESENTACIÓN

Las crisis que hemos vivido en las últimas décadas, en especial las ambientales y económicas, nos permiten plantear nuestro futuro en forma más pensante, con mayor información y herramientas tecnológicas grandiosas.

El autor y sus colaboradores, manejan este libro con sencillez y disposición temas tan importantes como lo son el ambiente y la comodidad de una casa, que al ser cuidadosamente diseñada, nos permite satisfacer ergonómicamente nuestras necesidades y convivir en forma respetuosa con nuestro entorno.

Sabemos que no es cosa de magia que las casas se puedan transformar en ambientales, para lograrlo es importante seguir las ideas que establece este documento como: averiguar cuáles son los recursos naturales que están a la mano, así como aplicar nuestros conocimientos en ecología, estética, costos y por supuesto darnos los gustos personales.

Incluyen temas holísticos que nos brindan la oportunidad de acomodar nuestros requerimientos y preferencias, para además ahorrar y saber con mayor precisión los materiales, equipos y sistemas que debemos contemplar en una casa para que esta sea ambiental.

Su concepción es atractiva; describen que podemos hacer, mediante una selección de ideas, como lo podemos llevar a cabo y que considerar para tener más certeza en los costos.

Los programas son fáciles de entender, y nos permiten llevar el control en todo el proceso hasta finalizar con éxito una casa ambiental

Quiero hacer notar la claridad con la que manejan cada tema, así como ilustran con el texto lo más conveniente a tomar en cuenta para una casa ambiental

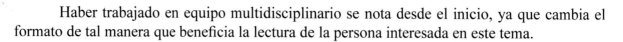

Haber trabajado en equipo multidisciplinario se nota desde el inicio, ya que cambia el formato de tal manera que beneficia la lectura de la persona interesada en este tema.

El libro cumple el objetivo de ofrecer ideas para una planeación, diseño y construcción de una casa ambiental más eficiente y asequible al bolsillo y por supuesto mejor que la construcción tradicional.

Me congratulo al leer estas Ideas para una casa ambiental, que a todos los niveles de conocimiento nos aporta información valiosa.

María Del Carmen Ríos Castillejos

RESUMEN

Este libro explica en forma sencilla, resumida y con lenguaje claro que sistemas, equipos y materiales se pueden usar actualmente para tener una casa ambiental.

Como resultado da un ordenamiento desde el concepto arquitectónico, el plan, los programas, hasta su construcción, considerando principalmente las comodidades, el cuidado ecológico, la parte social, el ambiente global, la casa y lo que le rodea.

Las ideas sirven tanto para una casa nueva como para una que se desee remodelar.

Se pueden usar parte de las ideas o su totalidad conforme a las necesidades y gustos de cada persona, lo importante es iniciar en ayudar a mejorar el ambiente.

PRÓLOGO

Existe bastante información sobre temas ecológicos, ambientales y sociales pero difícilmente, se encuentran escritos en forma clara, con lenguaje común, considerando aspectos sociales, ideas de planeación, programas de ayuda en la construcción y sin ser expertos en la materia, solicitar lo que realmente convenga a partir del agrado y lo que requiera cada persona.

Tomando en consideración lo anterior se escribió este libro con ideas puntuales para iniciar y llegar a un buen fin de una casa ambiental.

Con las ideas del libro se puede hacer la construcción por etapas y llegar al nivel que se quiera para tener una casa con el mínimo de equipamiento o una totalmente automatizada, aprovechando los grandes adelantos de la tecnología actual.

Se dan ideas considerando en la casa ambiental la comodidad, materiales, sistemas, equipos, tecnología, construcción y manejo de desechos en tan solo unas cuantas páginas.

Dentro de los objetivos de este libro está el uso eficiente de los recursos naturales a través de información ordenada y con actividades particulares.

El libro es para todo aquel que quiera estar en armonía con la naturaleza, iniciando desde su casa.

Carlos Adrián Pizarro Ríos

CONTENIDO

INTRODUCCIÓN

Lo que impulsó la realización de este libro fue el saber que todos podemos mejorar nuestra calidad de vida y al mismo tiempo cuidar el ambiente.

En esta época es imprescindible proteger los recursos naturales, ya que es la forma de agradecer al planeta todas las maravillas que brinda, conscientes de ello han surgido un sin número de proyectos con este propósito.

Los diseños para construcciones ambientales para vivienda (casa ambiental) que se realizan en diferentes países, cuidan en forma especial el cumplimiento mínimo de ser económicamente viables, confortables, ergonómicos, ecológicos y socialmente responsables.

Este libro nos da ideas que proporcionan un conocimiento claro y práctico, de cómo construir y mejorar ambientalmente una casa con el fin de vivir mejor.

La casa debe contar con instalaciones, servicios y actividades que satisfagan las necesidades personales, dentro del parámetro establecido por la educación ambiental. Desde el manejo apropiado de desechos hasta la completa automatización de la casa.

Se propone una casa que responda a las necesidades actuales. Es importante resaltar que se basa en la conservación del ambiente, la ganancia social, económica y el desarrollo de la comunidad, combinando la tecnología con materiales y sistemas que armonizan con la naturaleza del lugar; también se le da importancia al mantenimiento el cual debe ser sencillo y económico

Una casa ambiental puede iniciar a partir del diseño o bien realizando cambios de la

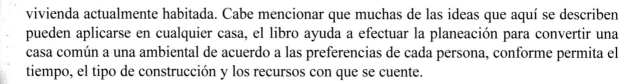

vivienda actualmente habitada. Cabe mencionar que muchas de las ideas que aquí se describen pueden aplicarse en cualquier casa, el libro ayuda a efectuar la planeación para convertir una casa común a una ambiental de acuerdo a las preferencias de cada persona, conforme permita el tiempo, el tipo de construcción y los recursos con que se cuente.

Con ello se participa en fomentar acciones de ahorro económico a mediano y largo plazo, al incorporar equipos y materiales adecuados. Como: el uso de cañas, cuerda natural, arcilla, paja, cal, piedra, fibra de cáñamo, que son materiales de las regiones que ayudan a reducir la huella de carbono, algunos de estos materiales tienen un plus en cuanto a resistencia, transpiración y aislamiento, que aporta calor en invierno y frescor en verano.

Un diseño basado en las ideas propuestas en este documento, permite aprovechar la forma que tenga el terreno y construir la casa de tal manera que se integre al paisaje y se pueda disfrutar totalmente del lugar.

BENEFICIOS

En este libro se proponen ideas que apoyan a quienes estén interesados en mejorar el ambiente, para su bienestar y el de las generaciones futuras, sin descuidar la comodidad del hogar ya sea una casa o un departamento.

El aplicar parte o todos los conceptos que aquí se proponen, nos permite Vivir Mejor a través de:

1. Aprender a vivir en armonía con la naturaleza.
2. Disfrutar y conservar el atractivo visual de la naturaleza.
3. Propiciar un mundo más limpio
4. Cuidar nuestro entorno ecológico
5. Cuidar nuestro entorno social
6. Ahorrar económicamente a mediano y a largo plazo
7. Alargar la vida de los materiales.
8. Evitar el daño ambiental
9. Ahorrar recursos no renovables
10. Disminuir la deforestación.
11. Ahorrar energía.
12. Utilizar las nuevas tecnologías en el cuidado del ambiente.
13. Participar socialmente en actividades para lograr un bien común.
14. Apoyar con nuestro ejemplo a la cultura ambiental

15. Conservar un mejor mundo a las siguientes generaciones

*"Demostremos nuestra admiración por los demás seres vivos,
conviviendo en armonía con nuestro entorno"*

Cesáreo Pizarro Moreno

LENGUAJE COMÚN

1. **Ambiente:** todo lo que rodea a un ser vivo, en especial de forma ecológica y social.

2. **Ambientalismo:** es la promoción de la conservación y recuperación del mundo natural

3. **Atractivos naturales:** toda la belleza natural de un lugar que proporciona disfrute alegría, bienestar, como lo pueden ser montañas, barracas, cañones, acantilados, planicies, dunas, bosques, selvas, ríos, lagunas, cascadas, manantiales, cenotes, playas.

4. **Basura:** se consideran todos los desechos que tienen diferentes orígenes y unidos llegan a un tiradero. La mayor parte de los desechos son reutilizables y reciclables, el problema estriba en que al juntarse se convierten en basura.

5. **Casa Ambiental:** construcción para uso personal o familiar, donde se logran condiciones óptimas para habitar, con el mínimo consumo energético, respeto a las personas y al entorno donde se ubique, satisfaciendo plenamente las necesidades relacionadas con el ambiente familiar.

6. **Composta:** descomposición biológica de la materia orgánica que contienen los residuos, por la vía aeróbica y en condiciones controladas. Se requiere seleccionar y separar previamente los restos orgánicos de los demás desechos.

7. **Desecho:** es aquel material, sustancia, objeto, cosa, que se retira de un uso común, porque ya no tiene utilidad para el usuario.

8. **Desmontar:** quitar de raíz plantas, árboles, hasta la parte más profunda para preparar áreas en donde se va a construir. Se recomienda realizar el desmonte de vegetación de manera mecánica, así como la limpieza del terreno que consistirá en retirar los restos de vegetación de las áreas, el material producto del desmonte será triturado y dispuesto temporalmente en alguna área prevista para la construcción, en espera donde se juntaran con los del despalme para que sean reutilizados, cuando el área lo permita

9. **Despalmar:** consiste en arrancar el césped o plantas, derribado de árboles. Se elimina la capa de suelo con restos de vegetación que pueden afectar el proceso constructivo; el despalme se debe hacer a una profundidad aproximada de 15 cm en aquellas zonas en donde sea posible realizarlo; el producto del despalme se recomienda mezclarlo con los restos vegetales que se desmonten y colocarlos de igual manera en un sitio temporal, en espera de poder aprovecharlo como fertilizante

10. **Desarrollo sustentable:** es aquel que explota los recursos naturales para su desarrollo, en una forma racional garantizando la calidad ambiental de los ecosistemas, lo cual permite hacer frente a las necesidades del presente sin poner en peligro la capacidad de futuras generaciones para satisfacer sus propias necesidades.
El equilibrio adecuado entre el desarrollo de las actividades propias y la protección y conservación del ambiente.

11. **Ecología:** ciencia que estudia los seres vivos su distribución, abundancia y como esas propiedades son afectadas por la interacción entre los organismos y su entorno como el clima, la geología y los flujos de energía.

12. **Eliminación:** todo procedimiento dirigido al vertido controlado de los residuos, o a su

destrucción total o parcial, sin poner en peligro la salud humana y sin utilizar métodos que puedan causar daños al ambiente.

13. **Entorno:** conjunto de circunstancias, ecológicas y sociales, que rodean a una persona, animal o cosa.

14. **Envase:** todo producto fabricado con materiales de cualquier naturaleza que se utiliza para contener, manipular, distribuir y presentar mercancías.

15. **Ergonomía:** es denominada la ciencia del bienestar y del confort; es decir, no sólo tiende a mejorar las condiciones de trabajo a fin de evitar los efectos negativos sobre la salud, en cada uno de sus aspectos (físico, psíquico y social) sino que es parte de un concepto de salud más amplio y propone la mejora de aquellos aspectos que pueden incidir en el equilibrio de la persona, considerada en su totalidad, con el entorno que le rodea.

16. **Excavaciones, rellenos y nivelaciones s**on las actividades que normalmente se realizan después del despalme y desmonte, delimitándose los frentes de trabajo se realizan las actividades de excavación, relleno y nivelación de la obra necesarias para la construcción y servicios como son el drenaje pluvial, sanitario, red eléctrica, red telefónica y tratamiento de aguas, el. material producido de las excavaciones se recomienda utilizar para el relleno del sitio donde se necesite.

17. **Estética,** es la sensación y el conocimiento obtenido a través de la experiencia sensible. Habla de la belleza y su relación con los objetos artísticos y de éstos con la naturaleza y el hombre

18. **Gestión Ambiental:** es la estrategia mediante la cual se organizan actividades para prevenir o mitigar los problemas ambientales.

19. **Gestión de residuos de envases**: son las actividades de recoger, clasificar, transportar, almacenar, valorizar y eliminar residuos de envases, incluida la vigilancia de las operaciones y de los lugares de descarga.

20. **Invernadero** es un área donde se puede tener el crecimiento y mantenimiento de césped, arbustos, plantas, perennes y flores

21. **Reciclar:** es un proceso que consiste en modificar los materiales que fueron desechados y que son aptos para elaborar otros productos o fabricar los mismos.

22. **Reciclar la arquitectura:** proceso de cambiar una edificación a un uso diferente para el que fue diseñado, en este proceso los edificios que se encuentran estructuralmente en buen estado, son renovados para nuevos usos económicamente viables.

23. **Recolección de residuos** los métodos de recolección son variados, pero destacan el de esquina, el de acera y el de contenedores; para la recolección domiciliaria se utiliza el método de parada fija en esquinas y aceras. Los contenedores usualmente aplicados para la recolección de centros de gran generación, como son hoteles, mercados, centros comerciales, hospitales y escuelas; se ubican en una zona determinada como almacenamiento central y de fácil acceso para el vehículo recolector, en donde los usuarios han depositado sus residuos.

24. **Renovar las edificaciones:** es actualizar las edificaciones con los equipos y materiales que brinden mejoras sustanciales, manteniendo su carácter original.

25. **Recuperación energética**: es el uso de residuos de envases combustibles para generar energía mediante incineración directa, con o sin otros residuos, pero con recuperación de calor.

26. **Recurso natural:** es cualquier forma de materia o energía que existe y/o se reproduce de modo natural y que puede ser utilizada.

27. **Recurso renovable:** es todo aquello inagotable a escala humana, como la energía solar, la eólica, o la energía de las mareas.

28. **Reducir:** en cuanto a desechos, es comprar más sabiamente, utilizar los productos de la manera correcta, buscar productos con la misma calidad pero menor cantidad de envase, asegurarse de tener lo justo, procurar no desperdiciar, evitar productos desechables, utilizar productos no contaminantes y cuando se envíe algo a la basura aplastar para que ocupe menor espacio.

29. **Reúso:** es darle algún uso a los desechos, como forrar las cajas, frascos o latas y usarlas para guardar cosas.

30. **Sustentabilidad:** es la capacidad de una sociedad humana de apoyarse en su ambiente para el mejoramiento continuo de la calidad de vida de sus miembros para el largo plazo; en la sustentabilidad de una sociedad su función dependerá del manejo que ella haga de sus recursos naturales y pueda ser mejorada indefinidamente.

31. **Transferencia de desechos** son instalaciones intermedias entre las diversas fuentes generadoras de residuos sólidos y las plantas de selección o el sitio de disposición final.

$$ASPECTOS$$

Sociales

En este aspecto se busca tener el mejor ambiente familiar, ecológico, social, de suministros, movilidad, retiro de residuos, político y de seguridad. Con el propósito de que la vivienda sea un buen lugar para disfrutar tanto el interior como el exterior en todas las formas de convivencia posibles.

Aun cuando no se pueda lograr esto en alguno de los puntos mencionados por causas ajenas, se puede incorporar a la vivienda ideas de este documento que permite complementar lo que haga falta y sea controlable, como incluir plantas que sirven de ornato y crean microclimas al oxigenar y humedecer la casa, asimismo no generar basura mediante la clasificación y confinamiento en contenedores identificados para los diferentes desechos, son acciones que a pesar de ser accesibles son significativas tanto de manera individual como colectiva.

Ecológicos

Con relación al aspecto ecológico por supuesto se debe tomar en cuenta a los seres vivos en su entorno, en su distribución, abundancia, su afectación en la interacción entre los organismos, el clima, la geología, hidrología, geografía principalmente.

Atractivos Naturales

El libro propone ideas para ver, deleitarse, cuidar, conservar y aprovechar el espacio que rodea la casa, adaptándola al medio, para que toda la belleza natural se siga preservando. El

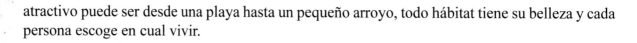

atractivo puede ser desde una playa hasta un pequeño arroyo, todo hábitat tiene su belleza y cada persona escoge en cual vivir.

Económicos

Es importante saber con la mayor precisión el costo de lo que se pretende hacer desde el diseño y la construcción, también se debe investigar el mantenimiento que necesitará la casa ambiental para no tener imprevistos económicos posteriormente.

CAPÍTULO I.
CONCEPTUALIZACIÓN GENERAL DE UN PROYECTO DE CASA AMBIENTAL

El término de Casa Ambiental es de gran interés pues organiza todos los elementos que tienen que ver con el ser humano, como son la parte social, ecológica, de comodidad, estética y económica.

Una Casa Ambiental es la que logra condiciones óptimas de habitabilidad con el mínimo consumo energético y un máximo cuidado del ambiente.

Asimismo se debe tomar en cuenta la recuperación, ahorro y almacenamiento de energía, manejo de agua, utilización de productos y materiales verdes, así como el manejo de tierras. Dentro de las energías renovables se encuentran la solar, eólica, marina y geotérmica que incluye la fuerza de las olas, biogás y biocombustibles.

En el manejo de aguas integra el ahorro en su uso, los sistemas de captura de agua de lluvia, tratamiento de aguas grisees y negras y su purificación. El manejo de tierras comprende agricultura orgánica, conservación y restauración de hábitat, reforestación, estabilidad de suelos.

En este Capítulo se explica en forma sencilla la manera de convivir amigablemente con el ambiente, con una mejor calidad de vida en un espacio agradable y confortable, logrando un ahorro económico.

Para poner en práctica las ideas de este libro en su casa o departamento, requiere tiempo y una inversión, obteniendo a cambio que disfruten de los beneficios todos los seres que se encuentren dentro del área.

Por supuesto la casa ambiental toma en cuenta la sociedad donde se encuentra, la orientación de la construcción, el tipo de terreno y la naturaleza que le rodea.

Se sugiere también que el interesado utilice fuentes locales de energía eléctrica, gas y agua para conservar un mantenimiento económico.

Preferentemente obtener la energía eléctrica de fuentes naturales y renovables, utilizando energía eólica, solar e hidráulica o bien combinar con fuentes alternas.

Para la Casa Ambiental se requiere tomar en cuenta lo siguiente:

1. Ubicación de la casa
2. Tipo de suelo donde se va a construir o construyó
3. El tamaño del terreno
4. Metros cuadrados de construcción o a construir
5. Salida del sol
6. Viento dominante
7. Infraestructura actual
8. Suministro de agua
9. Suministro de energía eléctrica
10. Orientación de las edificaciones colindantes
11. Niveles de ruido
12. Tipos de contaminantes en aire
13. Contaminantes en suelos
14. Materiales del lugar
15. Microclima del lugar
16. Industrias que contaminan en las cercanías

17. Existencia de venas de agua

18. Áreas con cables de alta tensión

19. Contaminación química, eléctrica, magnética, ambiental o anímica

20. Barreras solares

21. Clima

Esta información sirve para conocer qué tipo de implementos ambientales se pueden incluir en la casa a diseñar, construir o actualizar.

El procedimiento es sencillo y parecido al de una casa normal con la diferencia de que gran parte de los materiales utilizados para la construcción son ecológicos o bien no dañan a la naturaleza, debido a que esta alternativa busca mejorar el ambiente y evitar lo que perjudica al planeta y a quienes lo habitamos.

También se considera que el proceso de la construcción emplee materiales de la región. Como lo son la madera, piedra, barro, cementos de material natural, pintura natural, fardos de heno, cal, materiales de desecho reciclados, leña, que son ecológicos y/o fáciles de cultivar se convierten en una opción óptima.

Para las actividades que se quieran realizar se requiere siempre de una planeación y un programa los cuales se ofrecen en una forma sencilla.

CAPITULO II.
IDEAS DE CONCEPTO ARQUITECTÓNICO

En caso de construir una casa nueva, se debe considerar la geología del lugar, los servicios que ya existen, la ecología, la parte social, política y seguridad, para así lograr una casa 100% ambiental.

Siempre tomar en consideración: en su exterior la integración de la casa con el paisaje, en el interior que concuerde con su entorno vivo, ser una vivienda cómoda y agradable física y visualmente.

La casa debe aislarse preferentemente con materiales ecológicos. Los materiales que utilice la casa no deben ser tóxicos, se tienen que integrar en el ambiente, sin perjudicarlo. Deben proporcionar el confort deseado y ayudar a reducir el consumo de la energía que se plantee utilizar. Asimismo se requiere el empleo de energías limpias.

Para cualquier caso ya sea construcción o modificación, se debe poner en práctica la arquitectura bioclimática, ya que dentro de esta arquitectura se puede optimizar el uso de la energía a favor de las necesidades de cada vivienda.

Arquitectura bioclimática es la que nos crea un diseño para:

1. Limitar las pérdidas energéticas del edificio, orientando y diseñando adecuadamente la forma del edificio, organizando los espacios interiores y utilizando entornos protectores.
2. Optimizar las aportaciones solares, mediante superficies acristaladas y con la utilización de sistemas pasivos para la captación del calor solar.

3. Utilizar materiales constructivos que requieran poca energía en su transformación o para su fabricación.

Para lo cual requiere de información específica del lugar como:

1. Ubicación del área total del proyecto

2. Clima

3. Geología

4. Hidrología

5. Patrimonio cultural

6. Fauna y flora.

7. Fauna migratoria

La casa ambiental que se recomienda se basa en el concepto de construcción que considera al ambiente y las diferentes necesidades del usuario, como son un espacio cómodo, funcional, práctico, atractivo, que pueda interactuar con el paisaje, por lo que se propone de ser posible, incluir materiales como:

1. Polvo o arena del lugar

2. Piedra

3. Ferrocemento

4. Adobes

5. Lata-cemento

6. Botella-cemento

7. Preparar con antelación accesos que capten, canalicen, filtren y almacenen agua pluvial.

8. Recuperar desechos para reúso reciclaje o venta

La arquitectura bioclimática mejora el aprovechamiento de la radiación solar, mediante superficies con cristales y la utilización de sistemas pasivos para la captación del calor solar, o bien usar los materiales constructivos que con poca energía en su transformación o en su fabricación se logra realizar.

La forma y orientación de una construcción es vital, puesto que una casa o edificio mal orientado y con una forma inadecuada puede necesitar más del doble de energía que uno bien diseñado y orientado. Tienen un papel esencial en las pérdidas de calor porque en general, las estructuras compactas y con formas redondeadas tienen menos pérdidas de energía que las estructuras que tienen numerosos huecos, con entradas y salidas.

Por lo tanto, la orientación de muros y ventanas de una construcción influye en las ganancias o pérdidas de calor de la construcción. En zonas frías es muy importante que los cerramientos, los acristalamientos y las estancias o habitaciones de mayor superficie se orienten al sur, y se orientan hacia el norte los más pequeños.

En zonas muy calurosas, lo que más interesa es que haya la menor superficie de acristalamientos en las orientaciones con más radiación solar la cual es la orientación sur y la sureste.

Cuando se diseña o se construye sobre la cubierta del edificio, se debe considerar el captar, conservar y almacenar la mayor cantidad de los recursos energéticos del entorno inmediato.

La correcta distribución de las distintas habitaciones facilita la ventilación natural. Los

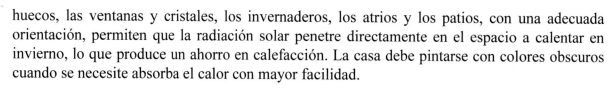

huecos, las ventanas y cristales, los invernaderos, los atrios y los patios, con una adecuada orientación, permiten que la radiación solar penetre directamente en el espacio a calentar en invierno, lo que produce un ahorro en calefacción. La casa debe pintarse con colores obscuros cuando se necesite absorba el calor con mayor facilidad.

En zonas cálidas, para evitar el incremento de calor en la construcción hay que considerar la orientación, los elementos que nos brindan sombra, como son los voladizos, los toldos, persianas, porches. También son recomendables los sistemas de rociado de agua, colocando una cortina o lámina de agua en una pared porque el calor es absorbido por el agua al evaporarse. Se deberán pintar las paredes de las casas de colores claros para evitar la absorción de calor.

Asimismo, se deberá considerar sembrar setos, arbustos enredaderas, y árboles, ubicados en forma apropiada, para aumentar la estética del lugar, la calidad ambiental, además de contar con sombra y una protección contra el viento.

Se sabe que las casas son aún más frescas utilizando las fachadas, paredes y techos verdes.

A continuación se dan las características que debemos considerar al diseñar, construir o remodelar una casa.

Casa ambiental Características

1. Aprovechar al máximo la luz natural

2. Ahorro de energías

3. Aprovechamiento de energía solar

4. Aprovechamiento de energía eólica

5. Ahorro y aprovechamiento del agua

6. Uso de agua de lluvia

7. Tratamiento de aguas residuales

8. Iluminación LED

9. Uso de materiales térmicos

10. Cuidar los corredores biológicos

11. Cuidar el hábitat de flora

12. Evitar dañar la fauna existente en el sitio de construcción

13. Utilizar materiales de construcción preferentemente del lugar donde se realice la casa

14. Estar en armonía con el entorno de la casa

15. Construcción de fachadas, paredes y/o techos verdes

16. Reducción de desechos

17. Reúso de desechos

18. Reciclaje de desechos

19. Manejo de desechos sólidos

20. Venta de desechos

"Una casa ambiental de cuarenta metros cuadrados, sin contar el terreno, se puede construir aproximadamente con $ 8000 dólares americanos"

CAPITULO III.
IDEAS DE PROGRAMAS

Para iniciar el proyecto de una casa ambiental, se requiere, en caso de ser nueva construcción, que se definan las bases del usuario, esto es el alcance y tamaño de la casa, como son el número de recamaras y baños, sala, comedor, cocina, cuarto de servicio, estudio, jardín, invernadero, sala de juegos, alberca, huerto, fuentes, entre otros.

Una vez definidas las bases de usuario, se elaboran las del diseño, en donde se especifican en un croquis las dimensiones aproximadas de la casa, la interrelación de los servicios, los materiales, sistemas y equipos que se van a emplear, así como la mano de obra; basado en ellos, se tiene un costo aproximado del proyecto, que incluye los permisos.

En esta parte del proyecto se deberán considerar la orientación y el acomodo de las habitaciones, puertas, ventanas, iluminación, ventilación y calefacción natural de la construcción para aprovechar las características naturales de lugar y conseguir hacerla más eficiente y fácil de mantener.

Con la aprobación del presupuesto, dimensiones de la casa y volúmenes de materiales y cantidad de sistemas y equipos, se elaboran los planos de arquitectura, conteniendo toda la ingeniería y ergonomía.

Aprobados los planos, se elabora un programa de construcción que deben cumplir con la finalidad de aprovechar en mejor forma los recursos humanos, técnicos, ecológicos y materiales, respetando la normativa que le aplica tanto internacional, federal, estatal, municipal y ejidal que le corresponda.

Para la construcción o modernización de casas ambientales son de gran utilidad los siguientes programas que incluyen las actividades básicas en el diseño, la construcción y su calendarización que dependerá de cada situación.

CONSIDERACIONES EN LA PLANEACIÓN DE UNA CASA AMBIENTAL

Descripción	Cantidad						Costo Unitario	Total
	1	2	3	4	x	x		
Requerimientos:								
Recamaras								
Baños								
Sala								
Comedor								
Cocina								
Estudio								
Jardín								
Invernadero								
Sala de juegos								
Alberca								
Huerto								
Fuentes								
Servicios								
Áreas de trabajo								
Croquis								
Licencias								
Permisos								
Estudios								
Mecánica de suelos								
Suministro de agua								
Electricidad								
Gas								
Recuperación agua de lluvia								
Tratamiento de aguas negras								
Herramientas								
Equipos								
Materiales								
Sistemas								
Estudios especiales								
Diseño								
Construcción								
30% adicional imprevistos								
Presupuesto total								

Adicionar todos los elementos que se quieran tener en el momento o a futuro y no se encuentren en la hoja de control de apoyo a la planeación anterior.

PROGRAMA DEL DISEÑO

Descripción	Meses							
	1	2	3	4	5	6	7	8
Bases de usuario, que incluyen las dimensiones y características de: • Recamaras • Baños • Sala • Comedor • Cocina • Estudio • Jardín • Invernadero • Sala de juegos • Alberca • Huerto • Fuentes • Servicios								
Áreas de trabajo								
Permisos								
Licencias								
Estudios topográficos								
Estudios especiales								
Mecánica de suelos								
Suministro de agua								
Suministro de electricidad								
Suministro de gas								
Especificaciones de equipos								
Especificaciones de materiales especiales								
Elaboración de croquis								
Elaboración del presupuesto								

Parte de este programa se repetirá tantas veces como sea necesario para que se ajuste el presupuesto a lo requerido por el propietario de la casa.

Una vez aprobado el programa del diseño, que contiene el alcance y presupuesto real del proyecto, se inicia la construcción o modificación de la casa ambiental.

PROGRAMA DE EJECUCIÓN DE OBRA

ACTIVIDADES	MESES							
	1	2	3	4	5	6	7	8
1ª Etapa despalmar, desmontar, nivelación, suministro de agua, energía eléctrica, excavaciones y rellenos								
2ª Etapa Cimentación, columnas, paredes, techos, pisos, equipos hidráulicos, eléctricos e hidrosanitarios								
3ª Etapa Acabados como pisos, ventanas, puertas, pintura, sistemas de control y automatización								
4ª Etapa Exteriores, áreas verdes, fuentes, piscina, huerto, invernadero almacenamiento de agua de lluvia								

1ª Etapa: Se refiere a despalmar y desmontar solamente las áreas necesarias, trabajos de nivelación, suministro de agua y energía eléctrica, excavaciones y rellenos en donde sea necesario y compactación de suelos.

Es muy importante que desde esta etapa estén incluidos los sistemas y equipos para la generación y ahorro de agua y energía.

2ª Etapa: Cimentación, columnas, paredes, techos, pisos, instalaciones hidráulicas, eléctricas e hidrosanitarias.
Se consideran los materiales ambientales, bioclimáticos y del lugar.

3ª Etapa: Acabados en general, que incluye pisos, ventanas, puertas, pintura, todos los sistemas y equipos de control y automatización que contemplan los planos de construcción.

4ª Etapa: Exteriores, áreas verdes, fuentes, piscina, huerto, invernadero, almacenamiento de agua de lluvia, sistemas de tratamiento de aguas grises y negras.

En cuanto al tiempo de elaboración tanto del diseño como de la construcción se toman como promedio los ocho meses, se deben ajustar los tiempos.

Generalmente será mayor tiempo el que se debe considerar en la construcción con base al tamaño de la casa, el equipamiento que lleve y cuantas de las etapas se construirán, adicionalmente en los lugares donde debido a las épocas de lluvia o de nevadas fuertes hay que considerar parar totalmente la obra varios días o semanas.

Para explorar ideas que ayuden a la construcción de la casa ambiental revisar los demás capítulos de este documento

CAPÍTULO IV.
IDEAS DE SUSTENTABILIDAD

Las ideas Ambientales se basan en gran medida de los siguientes criterios de sustentabilidad que a su vez están vinculados con las recomendaciones Internacionales para edificaciones:

1. Iniciar con un diseño actual de casas ambientales
2. Orientar apropiadamente la construcción y sus instalaciones
3. Aprovechar los vientos dominantes
4. Buscar la insolación natural
5. Prever fresqueras naturales
6. Incluir un invernadero si cuenta con espacio suficiente
7. Aprovechar los movimientos del aire dentro de la edificación
8. Utilizar colores apropiados a la zona, gusto personal y tipo de construcción
9. Utilizar preferentemente materiales para construcción del lugar
10. Poner dispositivos para el ahorro de agua.
11. Construir un sistema de tratamiento de aguas grises y negras
12. Evitar impactos en los procesos de erosión y sedimentación
13. Cuidar los corredores biológicos
14. Evitar deteriorar el hábitat de flora
15. Cuidar la fauna existente en el sitio de construcción
16. Estar en armonía con el entorno de la casa

17. Aprovechar al máximo la luz natural en edificaciones y andadores

18. Reducir la generación de residuos

19. Reducir el consumo de materiales desechables

20. Reusar los desechos que sean de utilidad

21. Reciclar los desechos adecuados

22. Vender los desechos que se consideren apropiados

23. Usar productos biodegradables

24. Consumir productos orgánicos

25. Crear huertos sustentables

26. Reducir el ruido de equipos y sistemas que se usen en las instalaciones.

27. Maximizar el aprovechamiento del calor solar en el invierno

28. Reducir el impacto del calor solar durante el verano.

En una casa ambiental siempre debemos lograr que el entorno natural perdure gracias al cuidado que le tengan las personas que ahí se encuentren, también es importante considerar que la habitabilidad sea totalmente confortable, ergonómica y ahorradora en el consumo de energía.

CAPÍTULO V.
IDEAS DE ECOLOGÍA

En las ciudades más pobladas del mundo un problema ambiental es la falta de áreas verdes debido a los pocos espacios disponibles, una de las soluciones a este problema es la construcción de Techos, Fachadas y Paredes Verdes.

Los techos verdes consisten en sustituir el techo tradicional de una construcción, por una superficie cubierta de tierra donde pueden crecer gran variedad de plantas, que son seleccionadas de acuerdo al lugar. Aunque desde los tiempos de los vikingos se usan los techos verdes para protegerse de las inclemencias del tiempo, en los últimos 50 años han sido usados y perfeccionados en Europa, y actualmente se construyen en la mayor parte del mundo.

Los beneficios de los Techos y Paredes Verdes a nivel de casas es la de absorber parte de la contaminación, bajar la temperatura al interior de la casa ya que el agua al evaporarse durante la actividad fotosintética de las plantas enfría el aire. También disminuir la cantidad de agua hacia las alcantarillas en la época de fuertes lluvias.

Techos Verdes

Tipos de techos verdes. Con base a la construcción y el entorno pueden ser intensivos y extensivos.

Los intensivos tienen una capa de tierra de aproximadamente 30 centímetros y requieren de elementos estructurales fuertes para que soporten el peso. Por sus características pueden tener una gran variedad de plantas y requieren de mucho mantenimiento cuando se diversifica demasiado.

Los techos verdes extensivos sólo requieren de una capa de tierra de entre 5 y 10 centímetros de espesor y por lo tanto sólo se pueden tener ciertos tipos de plantas.

Son mucho más utilizados los techos verdes extensivos debido a que requieren de menos material y mantenimiento que los techos verdes intensivos.

Es importante hacer notar que los techos verdes no sólo ayudan al ambiente, también hacen que la casa tenga un mejor aspecto, y se disfruta de un clima interior más agradable pues mejora la calidad del aire, lo que adicionalmente ayuda a revertir el calentamiento global.

Asimismo, al mantener el techo más fresco, el interior de la casa evita o requiere menos uso de equipos de enfriamiento lo que reduce el uso de energía eléctrica y la producción de CO_2. Al gastar menos energía eléctrica o gas, permite hacer grandes ahorros en la economía.

En cuanto al mantenimiento de la casa, con sólo unos cuantos centímetros de tierra se extiende considerablemente la vida del techo porque los techos verdes lo protegen de los rayos solares que son los causantes de las grietas.

Los Techos Verdes Extensivos tienen una capa de semillas, generalmente pasto.

Se deben usar plantas de poca raíz y muy tolerantes al exceso de agua.

Se debe considerar que una delgada capa de tierra no permite que crezcan plantas silvestres, porque estas no pueden vivir en ese medio semiárido.

El techo verde está integrado, de arriba hacia abajo, por una capa que sirve de drenaje, la cual permite que el agua se desplace libremente fuera del techo, después un aislante, y posteriormente encontramos una capa de barrera impermeable que impide el paso del agua hacia el techo, y por último la estructura del techo.

Otra alternativa es cubrir el techo con macetas con diferentes plantas y jardineras.

Los techos verdes pueden ser construidos en cualquier tipo de techo de casas residenciales, edificios, centros comerciales, oficinas, almacenes y algunas industrias. Su diseño debe considerar lo que convenga en cuanto a costo, ecología y ornato.

Es importante confirmar antes de instalar un techo verde que la estructura de la casa lo puede soportar.

En forma especial se debe verificar en construcciones con estructura ligera, aunque se sabe que solo en contados casos esto puede ser un problema, siempre se debe asegurar para evitar riesgos innecesarios.

Paredes Verdes

Las Paredes Verdes son una cubierta vegetal vertical que además de los beneficios de salud y ambientales decora la casa o edificio de día y de noche.

Las Paredes Verdes son más vistosas y confortables que los techos verdes, pero más complicadas de construir, debido a que son diseñadas para que en ella crezcan tipos de plantas especiales que crecen sin suelo en superficies verticales y requieren ser regadas de forma constante.

Aunque la idea básica de las Paredes Verdes no es nueva, el elemento vegetal es visto como una parte esencial del diseño del edificio.

Existen diversos tipos y grados de sofisticación de estructuras verdes para todo tipo de viviendas.

Un concepto similar es el de Fachadas Verdes, para casos específicos se insertan en el suelo para que permita el crecimiento de plantas y hasta de árboles. Estas paredes vivas pueden estar en el interior de las viviendas, con plantas que cambian con las estaciones del año.

Casas ambientales de la antigüedad en países europeos.

Esta imagen ilustra que siempre hay quien permanece en armonía con la naturaleza, vivir en contacto directo con ella y en ocasiones el observar logra que se le aprecie en todo su esplendor y se aprende a cuidarla al saber que proporciona beneficios a todos y que no cuestan nada.

CAPITULO VI.
IDEAS DE MATERIALES

Los materiales de construcción que se recomiendan son los naturales de la región, que en ocasiones se encuentran más baratos, los materiales reciclados, equipos y materiales ecológicos que cuidan el ambiente, tales como:

1. Cementos naturales
2. Aislantes como corcho y fibras vegetales
3. Materias primas lo menos procesadas
4. Impermeabilizantes
5. Carrizo
6. Troncos
7. Bambú
8. Hojas de maguey
9. Lodo
10. Piedras
11. Hojas
12. Palma
13. Tubería de cobre
14. Aislante para tubería
15. Calentador de agua de alta recuperación

16. WC descarga convencional de 6 Litros
17. Sellador acrílico
18. Sanitario ecológico
19. Equipo de aire acondicionado ecológico
20. Cinta teflón
21. Accesorios de cobre enroscados para sistemas hidráulicos
22. Masilla para plomeros compuesto para conexiones de acero inoxidable
23. Lámparas ahorradoras de energía
24. Llaves ahorradoras y de control de agua
25. Panel tipo sándwich metálico aislante
26. Aislamiento de lana mineral rígida
27. Entrepiso metálico para interactuar con el concreto
28. Pinturas naturales
29. Reguladores de la humedad
30. Fungicidas e insecticidas naturales
31. Protectores para la madera
32. Tratamientos para suelos de madera
33. Contenedores para depositar cada residuo
34. Espejos que reflejan luz solar para calentar la casa
35. Envases de vidrio como ladrillos
36. Paneles solares
37. Arena
38. Grava
39. Vidrio
40. Acero
41. Aluminio
42. Materiales térmicos
43. Materiales de reusó.

44. Cemento

La recomendación de la utilización de estos materiales se hace con base a estudios de impacto ambiental y como ejemplo de sus ventajas, se tiene al Bambú.

El bambú es uno de los materiales naturales más versátiles usado en la construcción de casas y jardines, fachadas, muebles y revestimiento.

Es considerado el acero vegetal, por su gran resistencia, durabilidad y fácil manejo. Es de crecimiento rápido y se adapta a todo tipo de climas, además de sus propiedades físicas tiene la cualidad de absorber monóxido de carbono y generar oxígeno.

Otros ejemplos son las lámparas solares, las celdas fotovoltaicas y los calentadores solares que tienen en su proceso la cualidad de aprovechar la energía limpia y renovable, evitando producir gases contaminantes.

El propósito de usar recursos renovables, energías limpias y materiales ecológicos en la construcción, funcionamiento y mantenimiento de la casa es que se ajuste al área donde se va a ubicar.

CAPITULO VII
IDEAS DE SISTEMAS AMBIENTALES

Sistemas Ambientales

El diseño de toda casa o departamento debe utilizar los sistemas que reducen el impacto ambiental y brindan una mejor calidad de vida.

Los sistemas que se recomiendan son:

1. Ahorro de energía eléctrica
2. Aprovechamiento de energía solar
3. Calentadores solares
4. Aprovechamiento de energía eólica
5. Ahorro y aprovechamiento del agua
6. Manejo de residuos sólidos
7. Reúso
8. Reciclaje
9. Reducción de residuos
10. Tratamiento de aguas residuales
11. Materiales térmicos

De estos sistemas se pueden tomar como ejemplos el uso de paneles solares, deshidratadores

solares, estufas solares y los calentadores solares.

Los calentadores solares pueden ser espejos y lentes que hacen incidir a los rayos solares en un foco para generar calor utilizable en el calentamiento de agua y de la casa o pueden consistir en placas con tuberías colocadas en el tejado y cubiertas tras una mampara de cristal, por las que circula el agua. El sol calienta estas tuberías y el agua calentada se almacena en un depósito cubierto con aislante para conservar la temperatura. Estas opciones no son caras de instalar y su rendimiento es suficiente para abastecer entre el 40% y el 80% de las necesidades de agua caliente de una familia a lo largo del año.

La energía eólica, que utiliza la energía del aire, se recomienda en lugares donde existe una presencia constante del viento. Esta energía también se puede utilizar para el transporte como son los molinos o convertirla en electricidad.

La energía hidráulica funciona con las precipitaciones de la zona y lo abrupto del relieve, aprovechando la energía potencial de los saltos de agua.

Los sistemas de ahorro y aprovechamiento de agua cuentan con llaves con temporizador, sistema automático de riego, reductor de entrega de agua, captación de agua de lluvia, cisterna externa de agua de lluvia.

Un humedal se puede lograr con dos sistemas de bombeo: uno que funcione con energía solar y sirve para llenar el tinaco de la casa; mientras que el otro trabaja mediante la acción mecánica del pedaleo de una bicicleta (bici bomba) que sirve para llevar el agua al Tanque de Descargas

CAPITULO VIII.
IDEAS DE SISTEMAS EQUIPOS Y TECNOLOGÍAS

Los equipos seleccionados de mayor rendimiento con base a las posibles áreas donde se van a instalar son los siguientes:

1. Equipos de generación eléctrica solares

2. Equipos de generación de energía eléctrica eólica

3. Equipos de generación calorífica solar

4. Equipos para ahorro de agua

Para mantener frescas las casas en verano sin aire acondicionado Esta herramienta analiza los efectos del aire en el interior de las construcciones, dando pautas para soluciones que permitan que el flujo de aire fresco circule correctamente. Minimizar el consumo energético y ganar en confort son sus principales objetivos. Desarrollar soluciones arquitectónicas que hagan que los edificios sean más frescos sin necesidad de sistemas de aire acondicionado.

Luz solar para calentar la casa, por medio de espejos que reflejan la luz del sol, es una nueva forma de aprovechar la capacidad térmica del sol, simplemente dirigiendo rayos solares hacía la casa con la ayuda de espejos, el principio de las torres solares. Obviamente el sistema funciona para aquellos lugares en donde hace mucho frío pero hay sol. Dos de estos espejos, controlados electrónicamente como helióstatos, dirigidos a una habitación, tienen el mismo efecto de calentamiento que un calentador de gas para calentar ese mismo espacio. Se dirigen 10 de estos espejos y se calentará toda la casa. El sistema también provee de luz natural prácticamente a cualquier hora del día, por lo que también se puede ahorrar en electricidad.

Lámparas con energía solar. La idea de hacer instalaciones con celdas fotovoltaicas es aprovechar lo que es energía limpia y energía renovable, para evitar la quema de combustibles y reducir los gases de efecto invernadero. La idea fundamental es aprovechar el ciclo ecológico, usando los avances tecnológicos para obtener una vivienda que utilice eficientemente los recursos del área donde se encuentre.

En cuanto a los electrodomésticos se deben usar los de bajo consumo, que no produzcan ni ondas electromagnéticas, ni tampoco emitan gases nocivos; que dispongan de una toma de tierra en perfectas condiciones; y de preferencia que sus elementos envolventes sean naturales.

Equipos que se pueden utilizar con la tecnología actual.

En una casa ambiental:

Audio.

Video.

Sonido ambiental.

Servidores.

Botoneras.

Pantallas táctiles.

Receptores de alta definición.

Sistema de control de automatización.

Teatros de casa.

Pantallas de alta definición

Proyectores de alta definición.

Bocinas.

Cámaras.

Micrófonos.

Para la seguridad:

Sensores de movimiento.

Sensores de humo.

Sensores de calor.

Contactos magnéticos.

Tecnología alambica.

Tecnología inalámbrica.

Comunicación telefónica IP.

Circuito cerrado de televisión vía IP.

Capacidad remota.

Cámaras para exteriores

Cámaras interiores sensibles a la temperatura y al movimiento.

Control de acceso remoto.

Sensores al rompimiento de ventanas.

Seguridad integrada a un sistema.

Controlador de automatización.

Para la iluminación:

Control de apagado.

Control de encendido de iluminación.

Ajuste de intensidad de luz.

Tareas programables.

Botoneras.

Pantallas táctiles de control.

Iluminación integrable al sistema de automatización.

Para la automatización:

Tareas programables.

Tareas automatizables.

Control y programación de tareas.

Sensores.

En el control:

Desde computadoras.

Interfaces multiusos como botoneras para control.

Capacidad de uso de pantallas táctiles.

Control mediante la programación.

En la Irrigación:

Sensores de temperatura.

Aspersión automática.

Sensores de humedad

Sensores de lluvia.

Control de aviso de temporadas.

Automatización integrable a sistema.

Para la telefonía:

Conmutadores.

Control de llamadas.

Registros de llamadas.

Recepción de llamadas automatizada.

Grabadoras.

Monitoreo de llamadas.

Integrables al sistema.

Es deseable el cableado estructurado

Planos de cableado.

Instalación del cableado.

Paneles para el cableado estructurado.

Racks.

Cuando aplique redes:

Configuración de redes.

Integrar al sistema de automatización

Integrar al sistema de control.

Sistemas controlables.

Importante el control de clima:

Sistemas de aire acondicionado

Sistemas de calefacción.

Control del sistema.

Sensores de temperatura externos e internos.

Sistema controlable en modo ausente de casa para ahorro de energía.

Deseable control de persianas y cortinas:

Cortinas

Persianas.

Control de pantallas de proyección.

Sensores de luz para control.

Automatización total con sensores de luz.

Si se tiene en proyecto de la casa con alberca

Limpieza automática de alberca.

Ajuste automático de temperatura.

Control y ajuste automático de nivel de agua.

Control automático de temperatura de regaderas.

Tareas automatizables y programables.

Importante para la seguridad control de fugas:

Detectores de fugas de gas.

Detectores de fugas de agua.

Sistemas de corte de flujo automático.

Sensores de cambio de temperatura extrema.

Integrables al sistema, control manual y automático

Las tecnologías seleccionadas por su ayuda al ambiente y sus beneficios ya comprobados son las siguientes:

1. Ecológicas como lo son los calentadores solares de agua, de luz solar para calentar la casa, fotovoltaicos

2. Bioclimáticas para mantener frescas las casas en verano y su calor en invierno, biohuerto

3. De saneamiento de excretas y tratamiento de aguas residuales

En las casas ambientales algunos de los sistemas que más se utilizan para aprovechar las energías renovables son las siguientes:

Sistemas con tecnologías, que emplean energías no convencionales para casas ambientales como son: el viento, el sol, el agua, la biomasa, que dan lugar a equipos tales como: aerogeneradores, aerobombas, calentadores solares, sistemas fotovoltaicos, riego tecnificado, cocinas mejoradas, refrigeradoras, biohuerto, casa antisísmica.

Adicionalmente se usan sistemas de separación, acopio, traslado y destino final de desechos.

CAPITULO IX.
IDEAS DE CONSTRUCCIÓN

Las Casas Ambientales son parte de la solución para conservar el ambiente y la calidad de vida de las personas. Reciben las contribuciones tecnológicas de diversas especialidades como la ingeniería eléctrica, electrónica, mecánica, química, arquitectura y la agronomía, lo que es el reflejo de la conciencia de proteger y mejorar el lugar donde vivimos.

Se construyen integrándolas al lugar elegido, optimizando el uso de agua y energía contemplando belleza y comodidad. Las viviendas nuevas o remodeladas pueden contar con materiales, sistemas, aparatos y equipos como los calentadores solares, celdas fotovoltaicas, techos verdes, paredes verdes, recolección de agua de lluvia, uso de aguas grises, entre otros.

Materiales

Como ideas para la construcción de una casa ambiental es el uso de bloques de adobe con varas de carrizo puestas en forma horizontal y vertical como refuerzo a lo largo y ancho de la casa, lo que le da la propiedad de sismo—resistente. En caso de existir, aprovechar el material de excavación como son las piedras y barro.

Muros

Aislamiento de muros con ladrillos o tabiques aislantes térmicos y de ruido fabricados con corcho, celulosa, papel o madera reciclados, entre otros

Techos

El techo puede ser de materiales como: madera con láminas de fibrocemento de fabricación local y hojas de poliestireno que sirven como aislante térmico, capas de celulosa situada bajo una capa de corcho sobre el que se colocan las tejas que recubren el techo.

.

Pisos

Colocación de pisos sobre materiales aislantes, rodapiés o zoclos para recubrir el sistema de calefacción en sitios de invierno extremo. El sistema de calefacción puede considerar agua que circula por tubos embebidos en la losa de concreto que constituye el piso.

Puertas
De madera, fierro, conglomerados, aluminio

Ventanas
De madera, fierro, conglomerados, aluminio

Sistemas

Captación de agua

Es importante el tener un sistema de captación, conducción y almacenamiento de agua de lluvia, por lo que el techo, banquetas, canales, caídas naturales de agua, se utilizan para la captación del agua de lluvia, que se envía a la cisterna, tinaco o depósitos mayores.

Tratamiento de agua

En ciertas edificaciones se están construyendo plantas de tratamiento diseñadas de tal manera que los WC utilizan solamente agua ya tratada. El inodoro, la regadera y el fregadero deben contar con dispositivos ahorradores de agua.

Se debe considerar la inclusión de un sistema de tratamiento de aguas residuales, un tanque séptico, una trampa de grasas, un filtro anaerobio de flujo ascendente y un humedal de flujo bajo la superficie, para darles uso en ciertos servicios, con base a la calidad del agua resultante.

Bombeo

Un sistema de bombeo de agua que funciona con energía solar y/o un sistema de bombeo de agua de acción mecánica.

Huerto

Si se considera la inclusión de un huerto familiar destinado a la producción de alimentos con fines de consumo, este puede medir 6 x 12 metros. El sistema de riego deberá estar compuesto por un tanque de descargas de fondo que al llenarse, automáticamente abre una válvula que libera el agua y esta riega el huerto en los horarios que sean convenientes.

Es recomendable generar composta la cual se puede producir mediante los desechos orgánicos como son los residuos de comida y del huerto, a su vez dicha composta permitirá nutrir el huerto.

También se sugiere el establecimiento de capas vegetales en diversos sitios que mejoren el paisaje, absorban la lluvia y partículas contaminantes.

Aparatos

Empleo de aparatos electrodomésticos como licuadoras, refrigeradores, enfriadores, aire acondicionado, calentadores, estufas, microondas, computadoras, batidoras, con bajo consumo de energía y sistemas de ahorro de agua.

Manejo de desechos

Los desechos inorgánicos son los que generalmente producen las empresas e industrias como:

1. Plásticos
2. Pinturas
3. Vidrio
4. Cemento
5. Electrónicos
6. Aluminio
7. Acero, entre otros

Estos se deben separar y depositar en contendores clasificados destinados para tal fin, lo anterior para poder reducir, reusar, reciclar y/o vender.

Los desechos orgánicos, son aquellos de origen biológico, porque fueron seres vivos, tal es el caso de:

1. Frutas
2. Verduras
3. Hojas
4. Ramas
5. Restos de animales entre otros

Los cuales pueden ser usados o entregados para hacer composta.

CAPITULO X.
MANEJO DE DESECHOS EN LA CASA AMBIENTAL

Siempre hemos producido residuos, pero actualmente somos una sociedad de alto consumo, por lo cual el volumen de los desechos ha crecido de forma desorbitada y también se ha incrementado el uso de productos que su toxicidad se ha vuelto un grave problema.

Se tienen estadísticas que muestran que en promedio en las ciudades grandes se generan 2kg de desechos al día por persona.

Por esto se incluyo el tema para que la casa ambiental tome las medidas necesarias con los desechos y evitar generar basura.

A la basura doméstica se le denomina residuos sólidos urbanos (RSU) que en muchos lugares van a parar a vertederos e incineradoras

Considerando lo anterior, el manejo de lo que se deja de usar en casa puede tener diferente destino en: la reducción, reúso, reciclaje o venta. Cambiando la basura por desecho se ahorran recursos, disminuye la contaminación, se alarga la vida de los materiales con diferentes usos, se ahorra energía, se evita la deforestación, se reduce el espacio que ocupan los desechos, se disminuye el pago por concepto de recolección de basura y se genera empleo en áreas específicas.

En cuanto a la reducción es comprar solo lo necesario, utilizar los productos de la manera correcta, buscar productos con la misma calidad pero menor cantidad de empaque, tener lo justo, no desperdiciar, evitar productos desechables, utilizar productos no contaminantes y cuando se envíe algo a los desechos aplastarlo para que ocupe menor espacio.

El ocupar nuevamente algún desecho es reusarlo como forrar las cajas, frascos o latas y usarlas para guardar cosas.

El reciclar es el más complicado de todos, debido a que consiste en un proceso que modifica los materiales que fueron desechados y que son aptos para elaborar otros productos o fabricar los mismos.

Gracias a la separación de los desechos en forma especial papel, cartón, metal, vidrio y plásticos, pueden ser vendidos. En lugar de que se conviertan en basura.

Información de algunos materiales y envases

Se proponen ideas para separar los residuos:

Puede ser con ocho contenedores

1. Orgánico color verde
2. Plásticos color blanco
3. Cartón color amarillo
4. Papel color gris
5. Aluminio color gris aluminio
6. Metales color gris oscuro
7. Vidrio color rosa
8. Residuos Peligrosos color rojo

De cinco contenedores

1. Orgánico color verde
2. Plástico y Vidrio color blanco
3. Cartón y Papel color amarillo
4. Metales color gris
5. Residuos Peligrosos color rojo

El mínimo en una casa es de tres contenedores

1. Orgánico color verde
2. Inorgánicos color negro
3. Residuos Peligrosos color rojo

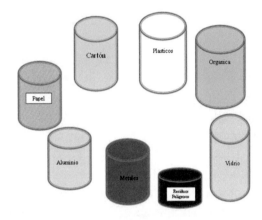

Foto 4 Colores que se proponen para los contenedores
de desechos de una Casa Ambiental.

En algunos lugares los recolectores de desechos para casas, recomiendan solo dos contenedores uno de orgánica que es normalmente de la mitad o hasta la cuarta parte de tamaño, que el contenedor de desechos inorgánicos. Esto es porque ellos realizan la separación.

Pero cuando se diseña una casa ambiental se separa correctamente para darle a los desechos reúso, mandar a reciclar o vender, lo mínimo recomendado son tres contenedores. También existen contenedores con: dos separaciones, de un solo contenedor con tres depósitos con bolsas individuales o bien se puede hacer un diseño propio con base a las necesidades de cada quien.

Con cualquier opción es importante separar los desechos orgánicos, los inorgánicos y los peligrosos ya que por sus características no pueden estar juntos, estas acciones son sencillas y a su vez relevantes para beneficio de todos.

Se enlistan los desechos y sus características:

Vidrio por su dureza y estabilidad favorece su uso en la conservación de líquidos o sólidos, no se alteran las sustancias que envasa, es resistente a la corrosión y a la oxidación, muy impermeable para los gases, el envase ideal para casi todo.

Al hacer los envases de vidrio no retornables, han creado el gran error de tirar como basura envases alimentarios que se podrían utilizar hasta 40 o 50 veces, por término medio.

Se deben reusar, vender, o bien acopiar en un contenedor para enviar a reciclar.

Brics envases, de diversas formas fabricados con capas de celulosa, aluminio y plástico Se utilizan para el envasado de refrescos, zumos, salsas, productos lácteos y otros líquidos, por conservar bien los alimentos, tener escaso peso y una forma que facilita su almacenaje y transporte.

En su elaboración se requieren materias primas no renovables como: el aluminio y el petróleo.

Se deben reusar o acopiar en un contenedor para enviar a reciclar.

Latas la mayoría son fabricadas a partir del hierro, el zinc, la hojalata y sobre todo, el aluminio, que se ha convertido en un problema al generalizar su empleo como envase no retornable.

El aluminio se fabrica a partir de la bauxita, un recurso no renovable, para cuya extracción se están destrozando miles de kilómetros cuadrados de selva amazónica

La producción de aluminio es uno de los procesos industriales más contaminantes: para obtener una sola tonelada se necesitan 15.000 KW/h.

Se deben reusar, vender, o bien acopiar en un contenedor para enviar a reciclar.

Papel y Cartón Representan el 20% del peso y un tercio del volumen de la bolsa cuando se envía a la basura.

Son de fácil reúso y reciclaje, se reciclan en buena parte, sin embargo la demanda creciente de papel y cartón obliga a fabricar más, aumentando la utilización de pasta de celulosa, que provoca la tala de millones de árboles, las plantaciones de especies de crecimiento rápido como el eucalipto o el pino, y la elevada contaminación asociada a la industria papelera.

Se deben reusar, vender, o bien acopiar en un contenedor para enviar a reciclar.

Pilas son extremadamente contaminantes, debido a que una gran cantidad de ellas contienen mercurio y otros metales pesados. Se dice que una sola de estas pilas puede llegar a contaminar hasta 600.000 litros de agua.

Confinar apropiadamente

Residuos Especiales son los CD, cartuchos, lámparas de descarga, aparatos eléctricos, electrónicos, fotocopiadoras, impresoras
Se deben reusar, vender, o bien acopiar en un contenedor para enviar a reciclar.

Residuos Peligrosos normalmente son de poco peso y volumen, pero tienen una elevada toxicidad, muchos productos de limpieza y aseo, de bricolaje disolventes, barnices, pegamentos, medicamentos, pilas con contenido de mercurio o metales pesados, insecticidas, esto obliga a considerarlos en forma muy diferente y cuidadosa al desecharlos.
Evitar su uso.
Darles el trato que corresponde por su peligrosidad al desecharlos

Dentro de los productos peligrosos debemos informarnos bien para evitarlos, ya que se conocen actualmente más de 50.000 sustancias tóxicas usadas en la construcción y decoración de viviendas.

Una parte de ellas se encuentran precisamente en las pinturas, barnices, fungicidas e insecticidas que se han venido usando durante las últimas décadas y que se siguen comercializando a pesar del conocimiento de los efectos nocivos de muchos de sus componentes.

Dichos residuos peligrosos se envían a los camiones recolectores de basura y generan grandes problemas de impacto ambiental.

Por lo anterior es necesario dejar de unir desechos diferentes que se convierten en basura, ya que solo se puede rescatar para su reciclado como un 28%. El propósito es lograr reciclar la mayor cantidad de desechos que se calcula podría ser el 90%,

Por eso, se pide a cada individuo coopere en el proceso de separación de residuos para evitar que se conviertan en basura, con el fin de utilizar los recursos eficientemente
.

Los beneficios que tenemos cuando reducimos, reusamos, reciclamos y vendemos son muchos, algunos son:

1. Vivir en un mundo más limpio

2. Disminuir la contaminación

3. Disminuir la deforestación

4. Salvar 17 árboles aproximadamente por cada tonelada de papel que se recicla

5. Ahorrar hasta un 80% de la energía, cuando se fabrica vidrio nuevo, con vidrio reciclado,

6. Disminuir la basura debido al reúso, reducción, reciclaje y venta de los desechos que separemos desde nuestra casa.

7. Ahorrar una tonelada de petróleo aproximadamente por cada dos toneladas de plástico que se recicla.

8. Reducir cantidades considerables de las emisiones de CO_2, al ahorrar energía por evitar crear nuevos productos.

9. Evitar cortar 150 árboles, por cada tonelada de papel o cartón que se deje de fabricar.

10. Reciclar hasta 15 veces un mismo papel

11. Generar menos basura al día por persona

12. Propiciar que sea más fácil la recolección de basura

13. Disminuir las dimensiones de espacios, para el destino final de la basura

14. Crear mayor número de empleos en el reciclaje de desechos solidos

15. Mayor ahorro de energía.

16. Menor consumo de agua

17. Mayor aprovechamiento de agua de lluvia

18. Reusar las aguas negras

19. Alargar la vida de los materiales

20. Conservar y proteger los recursos naturales

21. Menor cantidad lluvia ácida

22. Absorber dióxido de carbono por medio de la vegetación que se mantenga en condiciones optimas

23. Reducir el efecto invernadero.

24. Mejor ambiente en nuestro entorno

25. Promocionar una cultura de manejo correcto de residuos sólidos a todos los que estén a nuestro alrededor

Si participas en obtener todos estos beneficios te sentirás satisfecho por ayudar a mejorar el ambiente, por heredarlo en buenas condiciones y además tendrás ahorros económicos por la

reducción de gastos de energía y agua principalmente.

Para el cuidado de las plantas se pueden elaborar repelentes naturales en casa, como su nombre lo indica repelen a los insectos pero la mayoría de estos repelentes naturales no los mata.

Existen repelentes naturales de:

1. Ajo
2. Alcohol
3. Azufre
4. Cebolla
5. Cempaxúchitl
6. Chile
7. Jabón
8. Tabaco

A continuación daremos la elaboración de los repelentes del ajo y del tabaco porque son de los más seguros para eliminar a los insectos de las plantas.

El repelente de **ajo** se elabora machacando cinco dientes de ajo mezclados en un litro de agua se deja enfriar se cuela antes de rociar. Se recomienda para árboles frutales y plantas que son atacadas por arañas rojas, pulgones y mayates.

El **tabaco** se considera insecticida porque envenena a muchos tipos de insectos, Las plagas que el tabaco ataca son las arañas rojas, moscas blancas, pulgones y algunos tipos de gusanos.

La elaboración es con 50 gramos de tabaco en polvo o las colillas de tabaco y se hierven en dos litros de agua, después se deja enfriar totalmente y ya está listo para su uso. Se debe de tratar de usar en su totalidad las porciones que se produzcan, de no ser así, guardarlo en un recipiente que no se derrame y que no quede al alcance de niños además debe estar identificado como peligroso.

El tabaco no se debe usar en las plantas de chile, papa o jitomate porque las enferma.

Es importante para todos los casos aprender que plantas tenemos, cuales son los animales que las atacan y buscar siempre la forma de protegerlas sin utilizar productos contaminantes.

CAPITULO XII
CASA AMBIENTAL DEL FUTURO

Cada día son más las personas que toman conciencia para actuar en favor del cuidado de la naturaleza, buscan formas de ayudar en los aspectos social y económico, para contrarrestar el impacto que se hace al mantener un estilo de vida sin prevenciones.

Considerando lo anterior la casa ambiental del futuro debe incluir todos los adelantos tecnológicos que brinden comodidad, mejore lo ecológico, ayude en la parte social y que los precios sean alcanzables para la mayor cantidad de personas.

En un futuro cercano, las casas ambientales además de ser autosuficientes en la energía que utilicen, producirán aún más para aportar a los servicios de la comunidad en la que se encuentren, tendrán mejores materiales aislantes, equipos sin emisiones de contaminantes en su funcionamiento, sistemas de almacenamiento de energía con más capacidad y menor volumen.

Por supuesto debe iniciarse aumentando el número de personas que se incorporen en el conocimiento de la educación ambiental ya que se necesita trabajar en todos los sentidos tanto humano, ecológico, social y económico, para incluir a toda la gente en la lucha por aprender a convivir de manera responsable con la naturaleza.

Printed in the United States
By Bookmasters